AUX PARENTS

Lisez tout haut avec votre enfant

Des recherches ont révélé que la lecture à voix haute est le meilleur soutien que les parents puissent apporter à l'enfant qui apprend à lire.

- Lisez avec dynamisme. Plus vous êtes enthousiaste, plus votre enfant aimera le livre.
- Lisez en suivant avec votre doigt sous la ligne, pour montrer que c'est le texte qui raconte l'histoire.
- Donnez à l'enfant tout le temps voulu pour examiner de près les illustrations; encouragez-le à remarquer des détails dans les illustrations.
- Invitez votre enfant à dire avec vous les phrases qui se répètent dans le texte.
- Établissez un lien entre des événements du livre et des événements semblables de la vie quotidienne.
- Si votre enfant pose une question, interrompez votre lecture et répondez-lui. Le livre peut être une façon d'en savoir davantage sur ce que pense votre enfant.

Écoutez votre enfant lire tout haut

Pour que votre enfant poursuive ses efforts dans l'apprentissage de la lecture, il est indispensable de lui montrer que vous le soutenez, en lui accordant votre attention et vos encouragements.

- Si votre enfant apprend à lire et demande comment se prononce un mot, répondez-lui immédiatement pour ne pas interrompre le fil de l'histoire. NE DEMANDEZ PAS à votre enfant de répéter le mot après vous.
- Par ailleurs, si votre enfant le répète de lui-même, ne l'empêchez pas de le faire.
- Si votre enfant lit à voix haute et remplace un mot par un autre, écoutez bien pour surveiller si le sens est le même. Par exemple, s'il dit «chemin» plutôt que «route», l'enfant a conservé la bonne signification. N'interrompez pas sa lecture pour le corriger.
- Si la substitution ne respecte pas le sens (par exemple, si l'enfant dit «noire» au lieu de «poire»), demandez à l'enfant de lire la phrase de nouveau parce que vous n'êtes pas sûr d'avoir bien compris ce qu'il a lu.
- L'important, c'est d'avoir autant de plaisir que l'enfant à le voir maîtriser de plus en plus le texte et, surtout, de l'encourager encore et encore. Vous êtes le premier professeur de votre enfant — et celui qui a le plus d'importance. Vos encouragements sont ce qui déterminera si l'enfant voudra prendre des risques et aller plus loin dans l'apprentissage de la lecture.

— Priscilla Lynch, Ph D.
Conseillère en pédagogie,
New York University

À Winnie
—J.S.

Données de catalogage avant publication (Canada)
Scherer, Jeffrey
Le bonhomme de neige

(Je peux lire! Niveau 1)
Traduction de : One snowy day
ISBN 0-590-16846-0

I. Duchesne, Lucie. II. Titre. III. Collection
PZ23.S318B65 1997 j813'.54 C97-931109-8

Édition publiée par Les éditions Scholastic, 123, Newkirk Road,
Richmond Hill (Ontario)L4C 3G5.

54321   Imprimé aux États-Unis   789/9

Le bonhomme de neige

de Jeffrey Scherer

texte français
de Lucie Duchesne

Je peux lire! — Niveau 1

Les éditions Scholastic
123, Newkirk Road, Richmond Hill (Ontario) L4C 3G5

L'ours ramasse
des branches.

Le cerf apporte un balai.

La souris
trouve des
boutons.

Le geai bleu
apporte
une écharpe.

Le chaton découvre des mitaines.

L'écureuil transporte des glands.

Le lapin
donne
une carotte.

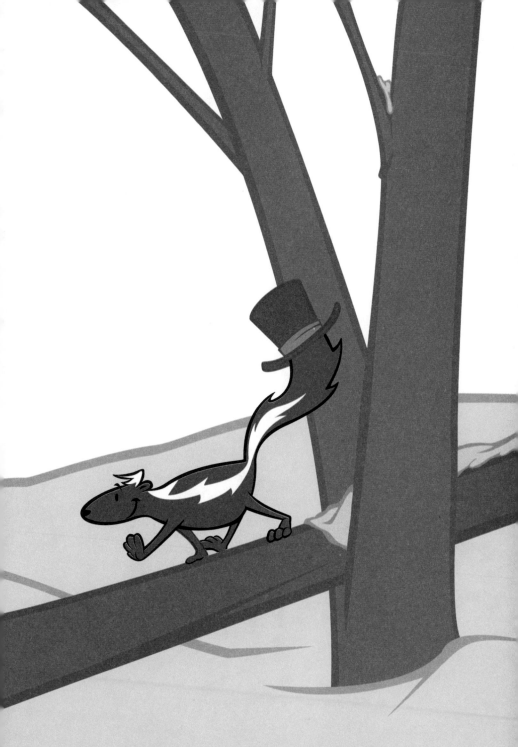

La mouffette offre le chapeau.

Le suisse
transporte
les tasses.

Le renard
prépare
du lait au
chocolat
bien chaud.

Les animaux fabriquent...

une grosse...

une énorme boule de neige

Puis une autre...

et encore une autre.

L'ours fixe
les branches.

Le cerf installe le balai.

La souris place
les boutons.

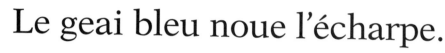

Le geai bleu noue l'écharpe.

Les chatons
placent
les mitaines.

L'écureuil ajoute les glands.

Le lapin place la carotte.

La mouffette installe
le chapeau.

La mouffette
distribue
les tasses.

Le renard
verse
le chocolat
chaud.

Et
tous
lèvent
leur
tasse...

en l'honneur
de leur
nouvel ami.